タブレット算数授業って面白い！

子どもと共有するスキル105

樋口万太郎 著

イラスト モリジ

☀学芸みらい社
GAKUGEI MIRAISHA

　本書を手にとっていただきありがとうございます。

　現在タブレット端末実践の格差が日本全国各地で起こっています。タブレット端末を使う・使わないという格差です。タブレット端末なしで算数を始め、授業を行っていくということはもうありえません。学習内容に応じて、タブレット端末を使わないということはありますが、使うか使わないかを判断するのは子どもたちです。タブレット端末を使わせない、タブレット端末を否定するということはありえないのです。子どもの力を育成することを妨げているといってもいいかもしれません。

　また、タブレット端末を教師用の使い方のままにしているという格差も起こっています。実はここの格差が現在多く起こっていると感じています。これについては本書でより詳しく説明をしていきます。

　格差を埋めるためには、これまでの授業観、教師観、指導観をアップデートしないといけません。しかし、アップデートするには時間がかかります。だから、授業観、教師観、指導観をアップデートしつつ、1人1台端末の算数授業を行っていくための大切にしていきたい、すぐに取り組めるようなスキルを105個書き出しました。私はここまでに、タブレット端末を活用した本を数多く出版してきました。本書では、ここまでの本から抽出したスキル、そして未発表の授業のスキルをまとめました。

　1章では1人1台端末の算数授業の大前提の話を、実践を通して紹介していきます。2〜6章では①安全・安心スキル、②基本機能活用スキル、③教師指導スキル、④発表・共有・振り返りスキル、⑤考え・学びを深めるスキル、⑥学習者選択スキルという6つの視点で紹介していきます。

　スキルを追試したとき、うまくいくこともあれば、うまくいかないこともあるかもしれません。でもそんなときは何度も取り組んでみてください。本書が少しでも1人1台端末の算数授業をアップデートするための一助になることを願っています。

樋口万太郎

第3章 基本機能活用スキル

第4章 教師指導スキル

第5章 発表・共有・振り返りスキル

第6章 考え・学びを深めるスキル

第7章 学習者選択スキル

❶ 1人1台端末の算数授業の大前提

（1）6つに分類・整理

　本書では、105個の1人1台端末の算数授業のスキルを紹介しています。これらのスキルは決して、1人1台端末のスキルではありません。算数授業というものがベースになっている1人1台端末の算数授業のスキルです。タブレット端末は特定の教科というより、様々な教科で使用される、教科横断的なものです。そのため、本書で使用するスキルは、他教科においても有効なスキルが掲載されています。

　算数授業の内容を考えずに、スキルだけを使おうとすると、うまくいかないことの方が多いかもしれません。1人1台端末の算数授業であろうが、1人1台端末がなかった算数授業であろうが、本時はどのようなことをねらいとしているのか、どのような力をつけたいのか、どのような教材にするのかなどについて考えていくということは大前提です。だから、みなさんがこれまでに考えてきた算数授業の中にスキルを付け加えたり、代替していったりして授業を変革していってください。

　本書では、105個の1人1台端末の算数授業のスキルを

　　　①安全・安心スキル
　　　②基本機能活用スキル
　　　③教師指導スキル
　　　④発表・共有・振り返りスキル
　　　⑤考え・学びを深めるスキル
　　　⑥学習者選択スキル

という6つに分類・整理をしました。

　6つの分類・整理をみてみると、「①安全・安心スキル」「③教師指導スキル」は一見1人1台端末の活用スキルとは関係のないような項目もあるように思うかもしれません。しかし、これらの項目は、タブレット端末を活用した算数授業では必須のスキルになります。

（2）ワークシートを作るときに似ている？

　これまで算数授業でワークシートを使った経験は誰もがあることでしょう。そのときの算数授業の作り方は最初からワークシートという意識というより、算数授業を考えていくなかで、「この場面はワークシートを使うことが有効だ！」と思い、ワークシート

を作成したりするのではないでしょうか。既存のワークシートを使用することが大前提の方は違うかもしれませんが…。

この感覚が1人1台端末の算数授業を考えていくときに似ています。

1人1台端末の算数授業を考えるときに最初からタブレット端末をどのように使うのかという意識ではなく、

> **算数授業を考えているなかで、「この場面はタブレット端末を使うことが有効だ！」と思い、タブレット端末の使い方を模索していく**

という授業の使い方です。

大前提として、このワークシートを使用するとか、タブレット端末を使用するとかでは、目の前の子どもたちの実態に応じていなかったり、授業についてキチンと考えていなかったりなどのことが起きやすいように思います。それでは、主体的・対話的で深い学びを実現することはできません。

（3）子どもたち自身が使いたい場面で使用する

1人1台端末の授業は、「タブレット端末を机の中から出しなさい」「タブレット端末を机の中にしまいなさい」といった教師からの「タブレット端末を○○しなさい」という指示でタブレット端末を使用させるのではなく、

> **子どもたち自身が使いたい場面で使用する**

ということが大前提です。ここの前提がずれていると、紹介していくワザを使うことが難しかったり、有効だと感じなかったりする可能性が出てきます。

もちろん、場面や状況によって、教師が指示をすることもあります。「子ども自身が使うようにしないといけない」「教師が指示をしてはいけない」といった二項対立になるような考えや議論は1人1台端末の授業について考えていくうえで、ナンセンスです。

大切なことは、子どもたちの学びが深まるような使い方を子ども自身が、そして教師ができるかどうかということです。だからタブレット端末が机の上にあることがスタンダードです（どうしても作業をするときなどに机の上にあっては邪魔になるときには、片付けるように指示をします）。

1人1台端末の授業とは、これまで以上に子どもたちが選択をする機会が増える授業です。子どもたち自身が選択をするからこそ、行動したくなるだろうし、振り返りをし

たくなるものです。

　また、学習支援アプリの性能によって、できること・できないこと、メリット・デメリットもあります。だから、

> 学習支援アプリの性能によって、タブレット端末を活用した授業像は異なる

ということが起こります。そのため、自分の使用している学習支援アプリでは、本書のスキルがどのように使えるのかとアジャストしながら、お読みください。

　本書を執筆しているときに、来年度から使用する学習支援アプリが変わるという話を聞きました。様々な大人の事情があるのでしょう。でも、先生も子どもも慣れてきた学習支援アプリが変わるということは、学びを妨げる要因になってしまいます。是非、やめていただきたいことです。

（4）教師視点ではなく学習者視点の使い方

　拙著「協働的な学びを実現する！子どもたちの学びが深まるシン課題づくり」（2023、明治図書出版）にて学習支援アプリ「ロイロノート」をもとに、教師視点・学習者視点

ロイロの機能×教師視点・学習者視点

	教師視点	学習者視点
送る	・ワークシート ・資料	・自分が表現したもの ・集めたもの（情報・写真・動画）
提出箱	・子どもたちの表現物をみることで、子どもを知る ・プリントやテストなど採点するものを提出してもらう ・共有する、しないの場面によって使い分けることができる	○ ・他者が表現したものをみることができる ・ログ代わりに使う × ・先生にみてもらう、提出 ・ログ代わりに使う
資料箱	・授業で使用したものを置いておく ・学校、学年で共有するために ・子ども、保護者と共有するために	・必要なツールを自分で選択する ・必要なプリントを選択する ・必要だと思ったもの、今後使いそうと判断したものを保存しておくために
シンキングツール（シート）	・授業づくり ・ポートフォリオ的に使用する	・考えを深めていくために ・単元の流れを把握するために ・ポートフォリオ的に使用する
Web	・授業で使用するURL、webカード	・自分で必要だと思う情報を検索する （カメラマークでスクショ）
共有ノート	・協働して取り組ませるために ・参考にさせるために	・協働して取り組むために ・他者の表現物、考えをみることができる

で機能ごとにまとめたものを掲載しました。

　タブレット端末の導入以前には、パソコンで資料やワークシートを提示したりしていたことでしょう。そういった使い方も教師視点の使い方です。

　これからは教師視点だけでなく、学習者視点の使い方も1人1台端末の算数授業において大前提となっていきたいことです。

　このような教師視点やタブレット端末をチラッと使わせるだけの使い方では、タブレット端末なんかいらないという論争が起こることでしょう。

　それでは、次のページより実践を紹介します。

② ▶ 3年生「2桁×2桁の筆算」(1)

(1) 問題提示の場面

3年生「2桁×2桁の筆算」の学習の単元の終わりの方に、次のような課題を提示しました。

■ 回式をつくろう

回式ってなんだと思われたことでしょう。子どもたちも同じようなことを思っていたようで、「何それ」「回文なら知っているけど」といった声が聞こえてきました。

回文は、(例:しんぶんし)のように前からでも後ろからでも同じ言葉になります。その式バージョンです。例えば、24 × 63 という式は回式です。

24 × 63 を右から読んでみると、36 × 42 という式になります。

そして、24 × 63 を計算してみると1512、36 × 42 を計算してみると1512と同じ答えになります。つまり、左から読む式と右から読む式の答えが同じになるときの式を回式と呼びます。

子どもたちには、24 × 63 の筆算、36 × 42 の筆算をそれぞれ取り組ませた後、上記のルールを説明しました。そして、回式にならない筆算に取り組ませたあと、考える時間を設けました。このときの子どもたちは、

・回式を見つけようとしている子

・回式の仕組み、決まりを発見しようとしている子

に分かれていました。

さて、みなさんに問題です。子どもたちは、考える時間にタブレット端末をどのように使用したでしょうか。

(2) 子どもたちはどこでタブレット端末を使用したのか

樋口学級では、算数科に限らず考える時間は、

・1人で考えてもよい

・グループで考えてもよい

・最初は1人で途中からグループ、最初はグループで途中から1人でもよい

といったようにどのような環境で考えていくのかは子どもたち自身で判断をさせています。

子どもたちがタブレット端末を使用した場面は3つありました。いずれも、私が指示をしたものではなく、子どもたちで考えて使用したものです。

①クラウドからデジタルワークシートを取り出す

　この単元では右のようなタブレット端末上で取り組むワークシート（以下、デジタルワークシート）を使用していました。このデジタルワークシートは子どもたちも見たり、取り出したりすることができるフォルダーに入れておきました。子どもたちはそのフォルダーから取り出して使用したのです。

②送る機能

　すぐに、子どもたちから「先生、送れるようにして！」という声が上がりました。普段は送る機能をオフにしています。そのため、上記のような声が出るとすぐにオンをするようにしています。

　子どもたちは①のデジタルワークシートを送り合おうと考えていました。子どもに「送る機能をどう使うの？」と質問をしたところ、

・回式にならなかった式を集めたい

という答えが返ってきました。子どもたちは最初は適当に式を作り、答えを求めていきます。同じ式をグループで二度することがないように、しらみつぶしのように式を見つけようとしていたのかもしれません。

　1人10個の筆算をしたのであれば、4人グループであれば40個の情報が自分の手元に集まるのです。それだけの情報が集まるということは、仕組みや決まりを考えていくうえではとても有効な数です。

③検索をする機能

　子どもたちが回式の仕組みに少しずつ気づき始めたとき、検索をしている子を発見しました。「何を検索しているの？」と聞くと、「九九表を探している」という答えが返ってきました。

　検索をした九九表をもとに、子どもたちは答えが同じになるかけ算を探していたのです。もちろん自分で同じ答えになる式を見つけてほしいものですが、子どもたちはそれよりも「これが回式になりそうな式をつくる」→「実際に筆算をする」→「回式になる」というサイクルを回したいのです。

　ちなみに回式の仕組み、決まりは次のようになります。

AB × CD

A × C ＝ B × D ということが成立しているときに、

DC × BA という回式が成り立ちます。

（3）仕組みや決まりを見つけた子どもたち

　こういった仕組みや決まりを見つけると、子どもたちは授業に飽きてしまうことがあります。仕組みや決まりを見つけると、モヤモヤしているものがスッとするからでしょう。

　しかし、樋口学級の子どもたちは仕組みや決まりを見つけた後も取り組むことがあります。まだ仕組みや決まりを見つけていない子のサポートをすると同時に、

自分の考えを自分の言葉でまとめる

ということを行います（算数スキル73 第5章 P.92）。

　または、樋口学級では、

3つ同じことが言えたら、その仕組みや決まりが成立する

というように言っています（算数スキル76 第6章 P.95）。そのため、子どもたちは回式になる式をどんどん探していきます。

　さらに、2桁×2桁以外の3桁×2桁の場合にどうなるのかということを考えたりと

見つけた仕組みや決まりが違う場合だとどうなるのかということを考える

ということを行います（算数スキル90 第6章 P.109）。

　サポートするのか、自分の考えを表現するのか、発展的に考えていくのかのどれを判断するのかは、子ども自身にさせます。もちろん、今サポートしてほしいと全体の様子を見ながら、子どもたちに声かけをすることもあります。

（4）授業終わり

　本時は「2桁×2桁の筆算の技能を習熟」させることを一番のねらいとしていました。授業最後は、「まだ回式になる仕組みや決まりを言わないで！」「家でも考え続けたい」と言う子が何人かいたため、仕組みや決まりを全体で交流することなく、回式になる場合の式をいくつか交流し、授業を終えました。しかし、それでもたくさんの筆算を子どもたちはしていたため、ねらいは達成することができました。

　算数の授業は、「1.問題提示→2.課題把握（めあて）→3.自力解決→4.練り上げ→5.まとめ（振り返り）→6.適用問題」という流れで行われることが多いです。この流れをスタンダードにし、これ通りに行わないと指導が入るという話も聞いたことがあ

ります。

　しかし、本時の子どもたちにとっては、「4.練り上げ→5.まとめ（振り返り）→6.適用問題」といった流れは必要ないのです。もし「4.練り上げ→5.まとめ（振り返り）→6.適用問題」を行ったのであれば、「もっと回式を見つけたい」「もっと考える時間が欲しいよ」などと思い、子どもたちのテンションはどんどん下がっていったことでしょう。スタンダード通り行っていないため、授業としてどうなんだと思われる方もいるかもしれません。しかし、どの子も一生懸命に取り組んでいました。このように算数授業の展開自体も変革していかないといけません。

　本実践では子どもたちがタブレット端末を使用しない可能性もありました。でも、子どもたちが判断をして使用しないのであれば、使用させる必要はありません。

タブレット端末のいらない授業とは、先生が判断をしていらないではなく、子ども自身が判断をしていらない授業のことなのです。

（5）本時の板書

　本時の板書は、以下のようになりました。

　授業最初の説明は板書に書きました。教師のタブレット端末上に書きながらそれを児童用に配信し、子どもたちは手元にあるタブレット端末で見ることができます。

　しかし、その方法では子どもたちの顔が下に向き、子どもたちの表情を前から読み取ることが板書よりも難しくなります。板書の場合だと、子どもたちはみんな前を向き、表情を見ることができるため、子どもたちがひっかかっているところや難しそうにしているところがすぐにわかるのです。

3 ▶ 3年生「2桁×2桁の筆算」(2)

　回式の実践はまさに学習者視点の使い方と言えることでしょう。では、この単元で教師視点の使い方がなかったといえば、そうではありません。13ページのデジタルワークシートを使用した場面は教師視点の使い方をしていました。前述通り、教師視点の使い方二項対立ではありません。教師視点の使い方が悪いと言うわけではありません。むしろ教師視点がないと学習者視点の使い方にまではいきません。

(1) 問題を提示する

　以下のような問題を提示しました。

---
23 × 12 の答え

　子どもたちはこれまでの既習を使い、23 × 12 の 12 を分解し、以下のように考えていました。

---
23 × 10 = 230　　23 × 2 = 46　　あわせて、230 + 46 = 276

　かける数を分解するということは、3年生の学習で何度も行ってきています。

(2) 筆算を提示する

　ここまでは既習です。そこで、

---
23 × 12 の答えをこれまでの学習を使って、
考えることができましたね。
今日は、筆算を使っても考えてみましょう

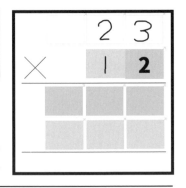

と言い、13ページで紹介したデジタルワークシートを子どもたちに送信をしました。
　このとき教師用のタブレット端末は大型モニターに映し出されています。まずは、筆算に 23 × 12 を

書いていきます。既習で2桁×1桁、3桁×1桁の筆算には取り組んでいます。そのため、それほど難しいことではありません。

　本書では白黒のため、わかりづらいと思いますが、12の2の部分はピンク色にしており、筆算の1段目をピンク色のカードにしています。そこで、

> 23×2の計算をピンク色のところに書きましょう

と指示をしました。子どもたちと23×2が46になること、46を書く位置を確認した後に、12の2の部分を右の図のように動かしました。

　そして、

> （1の隣の）空欄のところはどうなるの？

と子どもたちに聞きました。すると、先ほど12を10と2にわけることができていた子どもたちも一瞬頭に「？」が思い浮かんでいる子が多くいました。

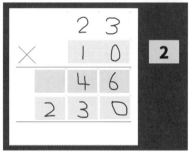

　12は10と2にわけることができるということはそれほど難しいことではありません。しかし、わからない子が多くいました。何が入るのか確認した後、「空欄になっているところには0が入り、10になること」を確認し、23×10を行い、230を書く位置を指示をしました。最初は、右のように230と書くことに違和感を抱く、先行学習をしている子たちが多いように感じました。先行学習で筆算の仕方を学習している子は、この授業の段階で多くいました。そういった子たちは筆算ができても、わかったとは言えない状態です。最初は違和感があった子たちもこのあと数問同じように行っていくことで、筆算の仕方をわかり始めているようにも見えました。

（3）問題を数問解く

　（2）で示したような展開で数問問題をこちらから提示し、行っていきました。そして、授業の最後に230の0の部分は、「常に0になるので、0を書かなくてもよい」という

話をしました。

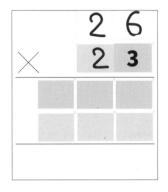

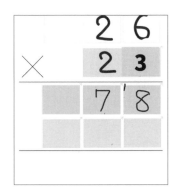

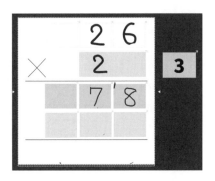

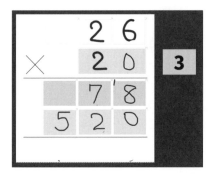

　ここで使用した筆算のデジタルワークシートは、子どもたちも取り出すことができる
フォルダーにデータを入れておき、子どもたちにも入れておいたよと伝えておきます。

❹ 3年生「三角形と角」

（1）問題提示の場面

　3年生「三角形と角」で、次の問題を提示しました。

> 同じ三角定規を組み合わせて、図形を作ろう

　三角定規は辺と辺がピッタリくっつかないといけないということを追加説明しました。すると、子どもたちから「何枚も使っていいの？」という質問がありました。そこで、「最大4枚まで（2、3枚でもかまわない）」ということを確認し、考える時間を設けました。

（2）考える時間

　最大4枚まで使えると言いましたが、子どもたちは各種1枚ずつしか三角定規を持っていません。そのため、自然とグループになり考え始めました。また、三角定規で作った図形を自然と写真で撮り始める子たちがいました。そこで、全体で作った図形は写真を撮り、残しておくように指示をしました。このような子どもからの発想→全体への共有が子どもたち視点のタブレット端末の使い方をしていく子どもを育てることになります（もし子どもたちから写真に撮るという発想が出てこない場合には、私の方から指示をしようとしていました。出てくるまで粘り強く待つ必要はありません）。

　これまでは、新たな図形を作り出すときには作成したものをリセットするしかありませんでした。ノートに書くといったことも時間がかかったり、全く同じものが残ったりするわけではありませんでした。しかし、撮るという機能を使うことで残っていきます。自分たちの思考はできる限り、残していきたいものです。

　子どもたちは三角定規を組み合わせ、様々な形を作り出し、写真に撮り、自分の思考を残していきました。次のページが自分のタブレット端末上に情報を集めている様子です。「送る」機能も子どもたちは使用していました（算数スキル72 第5章 P.91）。

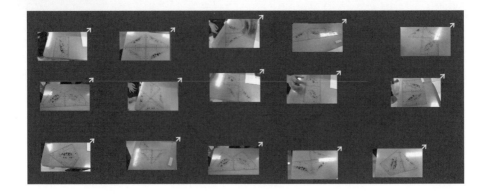

（3）探究サイクルで授業を作る

　たくさんの形を作っていくと、子どもたちは自然と分類・整理をしたくなります。これは、情報をたくさん集めたときに起こります。本時の授業においても、子どもたちは自然と分類・整理を始めていました。そもそもこの授業は、

課題の設定→情報を集める→情報を整理・分析する→情報をまとめる・表現する

という探究サイクルを意識して、作っていました。

　子どもたちはたくさんの形を作り、写真を撮っているときは「情報を集める」ということになります。次の「情報を整理・分析する」へと入ったということです。

　そこで、全体で「どのように整理していくのか」ということを話し合っていきました。そのなかでは、三角形、四角形、五角形…という視点で分類したい子もいれば、四角形は正方形、長方形、その他とできる限り分類・整理したいという子もいたりしました。ここではあえて、視点を絞ることなく、それぞれの視点で分類・整理をするようにしました。

　子どもたちからは五角形、六角形といった言葉が出てきます。これらは本単元で学習している以上のことです。しかし、三角形は「3本の直線で囲まれた形」、四角形は「4本の直線で囲まれた形」、☆角形は「☆本の直線で囲まれた形」ということを前時までに子どもたちと確認しています。そのため、本時においても、「何本の直線に囲まれているのか」ということを着目することで、五角形、六角形なども視点として取り入れてもよいというようにしました。

　以下の写真が、子どもたちが分類したものです。

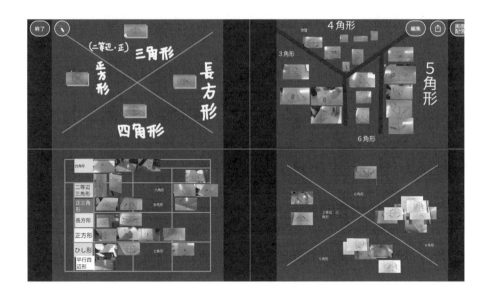

　ここで終わりではいけません。お互いにどのように分類・整理をしたのかを画面を見せながら説明をする時間を設けました。

　お互いに説明し終えた後は、自分たちの考えをアップデートしていったり、自分の考えをまとめていったりしました。

　次章より２つの実践にも出てきたスキルを含むスキルを紹介していきます。

⑤ 子どもたち自身が使いたい場面で 使用をするための4つのステップ

（1）4つのステップ

　ここまで3本の実践を紹介してきました。そのなかで、「子どもたち自身が使いたい場面で使用をするということはわかったけれど…」「先生だからできるのでは？」と思われた方もいるのではないでしょうか。

　しかし、あえて同学年の実践、3本中2本は同単元にしたことで、

> 子どもたち自身が使いたい場面で使用をするというところまでにはステップがある

ということがみえてきたのではないでしょうか。

　ステップは右の4段階を考えています。「子どもたち自身が使いたい場面で使用をする」は、1番上の「できる状態」です。ここまでに紹介した3つの実践にあてはめてみると、

「回式」・・・できる状態

「2桁×2桁の筆算」・・・一緒に取り組む状態〜1人でできる状態

「三角形と四角形」・・・知らない状態〜1人でできる状態

と言えます。ここからわかるように、この活動はこの状態と言い切れるときもあれば、上記のように言い切れないときもあるということです。1時間のなかで行ったり来たりすることもあるということです。だから、このステップができてから次のステップではないということです。これは、1時間だけでなく、単元内、1年間の中でも同様のことが言えます。

できる状態

1人でできる状態

一緒に取り組む状態

知らない状態

（2）大切なことが3つ

　このステップにおいて、大切なことが3つあります。

　1つ目は、次のステップにいく感覚です。私の感覚では、

・6、7割ぐらいできていれば次のステップ

・失敗してもかまわない、成功すれば丸儲け精神

という意識で次のステップに取り組むことが大切です。

2つ目は、「知らない状態」から「できる状態」へといきなりステップアップはさせないということです。ついつい私たち教師はすぐに成果を求めてしまいがちです。「知らない状態」から「できる状態」へといきなりステップアップすることでうまくいくこともあります。しかし、子どもたち自身にしっかりと力をつけていくのなら、ステップアップさせていくことが大切です。

　3つ目は、「知らない状態」→「一緒に取り組む状態」、「一緒に取り組む状態」→「1人でできる状態」、「1人でできる状態」→「できる状態」へステップアップするときは、同じ指導法ではありません。すべてのステップアップを同じ指導法でいくと、うまくはいきません。

　「知らない状態」→「一緒に取り組む状態」では、そもそもタブレット端末の操作やアプリの操作、デジタルワークシートの使い方などを知らないということです。だから、

操作の仕方や使い方を教えたり、教師が指示した通りに一緒に取り組んでいったり、実際に使うという経験を積んだりするといったサポート

が必要になってきます。

　「一緒に取り組む状態」→「1人でできる状態」では、使うという経験を子どもたちは積んできています。そこで、

有効なアプリの使い方を伝えたり、子どもたちの取り組んでいる活動を意味づけたりしていくといった子ども1人で取り組ませていったり、フィードバックしていったりするサポート

が必要になってきます。

　「1人でできる状態」→「できる状態」では、

子どもたちへの介入を減らしていき、できることはどんどんさせたり、選択させたりしていきます。

だからといって全てができるわけではありません。そういったときに、

サポートを求められたときにサポートすること

が必要になってきます。

　ここまでのことを図にまとめると、以下のようになります。

```
┌─────────────────┐        ┌──────────────────────────────┐
│   できる状態     │  ◁─── │   サポートを求められたときにサポート   │
└─────────────────┘        └──────────────────────────────┘
        ⬆          ┌──────────────────────────────────────┐
                   │ 子どもたちへの介入を減らしていき、できることはどんどんさ │
                   │ せたり、選択させたりしていく                      │
                   └──────────────────────────────────────┘
┌─────────────────┐        ┌──────────────────────────────┐
│  1人でできる状態  │  ◁─── │ 子ども1人で取り組ませていったり、フィード  │
└─────────────────┘        │ バックしていったりするサポート           │
        ⬆                  └──────────────────────────────┘
                   ┌──────────────────────────────────────┐
                   │ 有効なアプリの使い方を伝えたり、子どもたちの取り組んでい │
                   │ る活動を意味付けたりしていく                     │
                   └──────────────────────────────────────┘
┌─────────────────┐        ┌──────────────────────────────┐
│ 一緒に取り組む状態 │  ◁─── │      経験を積むようにサポート          │
└─────────────────┘        └──────────────────────────────┘
        ⬆          ┌──────────────────────────────────────┐
                   │ 操作の仕方や使い方を教えたり、教師が指示した通りに一緒に │
                   │ 取り組む                                  │
                   └──────────────────────────────────────┘
┌─────────────────┐
│   知らない状態    │
└─────────────────┘
```

　実は、これら3つの大切なことは、タブレット端末だけに限らず、ペア活動から算数科における図の活用など様々なことにあてはまることです。案外、「できる状態」をそもそも教師が目指していないということもあります。

⑥ 座席配置

　黒板に対して対面しているような座席配置から卒業することをオススメします。その代わりに、常に3、4人組のグループ、もしくはコの字の座席配置にすることをオススメします（コロナによって難しい場合もあります）。常に3、4人組のグループ、もしくはコの字の座席配置するには、

・いつでもコミュニケーションをとることができる

・いつも話し合うことができる

・すぐにサポートすることができる

というねらいがあるからです。そして、それらのことが教師の指示がなくても、自分たちで判断して取り組むことができるようになってきます。これこそ教師視点ではなく学習者視点の座席配置といってもいいでしょう。

7 子どもがタブレット端末を使っているときは、歩き回れ！

　タブレット端末を子どもたちが使うと、子どもたちが何をしているのかということがわからないという悩みを聞くことがあります。この悩みの解決方法はとてもシンプルです。子どもたちがタブレット端末を操作しているときに「教室中を歩き回り、何をしているのかということを予測する」ということです。黒板前に座っているだけでは、子どもたちが何をしているのか、予測できないのもあたりまえのことです。

　学習支援アプリによっては、子どもたちが何をしているのかを教師用の端末でリアルタイムで見ることができる機能があります。そういった機能があったとしても、その画面を見ながら歩き回ります。

　歩き回り、「この子はどのような考えをしているのか」ということを予測していきます。

⑧ 子どもの考えを予測せよ！

　歩き回るだけでは、単なる散歩です。歩き回るときには、「この子はどのような考えをしているのか」ということを予測し、予測したことに対してのフィードバックをしていきます。

　予測すると書いたのは、子どもたちが書いている途中のものを見て、「きっとこの子は続きはこのようなことを書くんだろうな」と思い、予測するということです。すべて書き終わるまで見ていては、クラス数人しか見ることができません。予測するためには、事前に何パターンか予想される子ども像を考えておく必要はあります。

　フィードバックは、「その調子で！」「少し見方を変えてみたらどう？」「おもしろい考えを発見したね！」「すごい！」「ちょっと○○をなおしてみたら」「おしい！」などその子に応じた声かけをしていきましょう。

9 マイナスな見方からスタートするな

　トラブルを起こしたり、マイナスなことをしたり、タブレット端末をうまく活用したりすることができないのが子どもです。そういった現在だけでなく、1週間、1ケ月後、1年後…といった長期的な見方で子どもたちを見てください。「今は時間がかかるけれど、きっと半年後には操作がはやくなっている…（はず）」と思いながら、私も毎年のように指導をしています。これはタブレット端末に限らずの話ですが。子どもたちは必ず成長していきます。

　このとき、上記のようなことがあり、「○○さんは…」といったマイナスな見方から様々なことをスタートしてしまうと、良い結果にはならないことでしょう。子どもには無限の可能性がありますから。

⑩ 違うことをしているときは オーラでわかる

　授業中にタブレット端末を使って、授業と関係のないことをする子がいます。そういった場合は、何か違うことをしているという負のオーラが出ています。みんなと視線の先が異なっていたり、表情や言動がいつもとは違ったり、私が近づくとタブレット端末を閉じたり、ページを変えたりします。だから、違うことをしていれば、気づくことができます。

　これはタブレット端末だから起こる問題ではなく、教科書に落書きをする、手紙を回す、妄想するといったようにこれまでの形から変わったというだけの話です。むしろこれらよりもわかりやすくなっていると私は感じています。

　そのときは、「関係のないことをしない」と言ったり、その子を見つめたり、その子の近くに行ったり、教室の後ろにいたりします。すると、怪しい言動をすることが少しずつ減っていきます。

11 操作に困っている子がいたときは、子ども、先生のどちらがサポートをするのか見極めよ

　使い方に困ったときには、「先生、わからない〜」といった声が聞こえてくることがあります。そんなときは、「○○さんに聞いてごらんよ」と伝えるときがあります。そのように伝えることで、子どもたち同士のコミュニケーションをするためのきっかけになります。

　ただ、いつでも「○○さんに聞いてごらんよ」と言うわけではありません。○○さんが何かに集中して取り組んでいるときや、今は話しかけるタイミングではないときは、言わずに、私が教えるようにしています。何かに集中して取り組んでいるとき、今は話しかけるタイミングではないときに話しかけられると、私たちも嫌な思いをしませんか。それと同様です。だから、そういったときは教師の方からどんどんアドバイスをしていきます。このように見極めることが大切です。

提出箱の名前をオープンするか
しないか判断せよ

　アプリによっては、子どもたちが提出したものを子どもたちも見ることができる機能があります。そのとき、個人名を出す・出さないのかという設定をすることができるのもあります。

　名前がある方が、誰がどんな考えをしているのか把握しやすいですが、人間関係を築くことができていない新学期では、名前を伏せることが多いです。間違いを知られたらどうしよう、みんなに馬鹿にされないかな、わかっていないことを他の人に知られることは恥ずかしいといったことを子どもは多く思っていることでしょう。そういった不安を解消するためでもあります。

　逆に言えば、間違えてても傷つかないような場面や全員正解、全員不正解のときには新学期当初から名前を出してもいいです。

13　人の考えを真似したり、真似されたりすることはいいこと

　人の考えを取り入れたり、人に自分の考えを使われることを嫌がったりする子がいます。そこで、「人に考えを使われたり、真似をしたりすることは、良い考えだからされるのだよ。使われる・真似されることはとても光栄なことなんだよ。どんどん真似されよう」ということを子どもたちに伝えます。

　真似をしようと思った側もその考えに価値があると判断をしています。何でもかんでも真似はしていないことでしょう。

　ただ、真似をする場合には相手に敬意を払わなくてはいけません。真似したことをあたかも自分で考えだしたというようなふるまいは違うということは伝えておきます。

　真似したことは、誰かに説明をする活動までをセットにしておきます。説明をする活動については、算数スキル61（第5章 P.80）をご覧ください。

⑭ 写真を撮る～許可なく人を撮るな

　人「に」写真を撮られるということに、子どもたちは思っている以上に抵抗があります。「誰々に撮られた〜」という訴えもあるかもしれません。しかし、自分が撮るほうだと実は相手のことを気にせず、悪気もなく撮ってしまいがちです。だから、基本的には、

①人が写ったときには写真を消す
②写真を撮りたいんだけど、写る可能性があってもかまわないかということを相手に尋ねる
③その写真を加工したりしない

といったことをルールにしておきます。「自分では何も思わなくても、相手がマイナスに感じたら、アウト」という話を新学期当初は何度もしておきます。これは算数科以外にも言えることです。動画も同様のことが言えます。

15 タイピング入力になれていないときは、録音入力

　１、２年生の子どもたちはローマ字を学習していないため、ローマ字打ちができません。私は１、２年生のうちはタイピングはできなくてもよいと考えています。書くということがメインでよいと考えています。また、フリック入力、ひらがな入力もできますが、ローマ字打ちに移行するときに大変になるため、それらの入力をさせることには反対です。

　フリック入力、ひらがな入力をさせるぐらいなら、録音することで文字変換をしてくれる機能を使って、文字入力をする方がよいと考えています。また、３年生以降でもタイピングが苦手な子は音声による文字変換も認めていきます（もちろんタイピング練習はさせます）。そうすることで、タイピングができなくても大丈夫という安心感が出てきます。

16 説明できたところから座る

　ペア活動を行うときは、最初は、

> ①全員立たせる
> ②何を話をするのかを確認する
> ③どちらが先に言うかを言う
> ④2人とも言えたら座る

というように具体的な指示をしていきます。子どもたちができるようになったら、指示をすることを減らしていきます。

　このとき、2人とも言えたら座らせることで、まだできていないところがすぐにわかり、先生も子どももサポートすることができます。なかには、しっかり話し合えていないにもかかわらず、座ってしまう子がいます。「きちんとしなさい」と叱るのではなく、「座っているということはわかっているということだから、このあと発表してもらいます」と伝えておくことで、誤魔化すことができなくなります。

17 活動時間は教師が設定したものだと忘れるな！

　「○○分で活動をしよう」といったように、教師が時間を決めて、活動を行うことはよくあることでしょう。しかし、その活動が制限内で終わらないことがあります。あくまでその時間は教師が設定したものです。教師の都合とも言えます。本当はもっと時間が欲しいと子どもは思っているかもしれません。そのようなときは、今後の学習の展開を頭の中で調整したうえで、延長するのか打ち切るのかを決めましょう。いつも延長していては、誰も時間を守ろうとしなくなります。

　また、自力解決は10分などのように毎時間○○活動には△分と決まっている学校もあるようですが、ナンセンスです。こういった時間の決め方も教師の都合です。子どもの様子を見ながら、決まっている△分以前に終わってもよいです。子どもの様子を見ながら、時間設定をしていくことが大切です。

18 言い切ってから座る

　自分の考えを他者に説明しているときに、時間がきたときに話をしている最中ということもあります。そういったときは、「しっかりと話を最後まで言い終えてから座りなさい」と指示をしています。最中で終わってしまっては、そこまで話していたことが無意味になってしまいます。このように指示をすることで、子どもたちも安心して、あせらずに説明をするようになってきます。このようなアディショナルタイムのような時間に対して、自分たちが大事にされているように感じると言った子もいました。

　ただ、このように指示をすると、座っている子と最後まで話をしている子で時間差ができてしまいます。そういったときは、「話し合ってきたことをノートにまとめておこう」と指示をしておくことで時間差を解消することができます。

⑲ どのようなフィードバックをするのか

　これまで黒板前が教師の定位置でしたが、1人1台端末の算数授業では教室をグルグル歩き回ることがスタンダードになります。

　歩き回っていく中で、算数の学習に関して、「それ、いいね！」「その調子だよ！」「そんな考えもあるんだ〜」「どこで困っているの？」「まだまだいけるんじゃないの？」「その調子！」「○○した方がいいんじゃない？」などとどんどん子どもたちに声かけをしたり、いいねポーズをしたりしていきます。

　また、タブレット端末の有効な使い方をしている児童を見つけたときには、「○○さんがこんな使い方をしているよ」と全体に伝えておくとよいでしょう。

⑳ カルテを作る

　１人１台端末算数授業は、教室をグルグル動き回るのは、前述通りです。先生自身もタブレット端末を持って、動き回ることをオススメします。グルグル動き回るときには、子どもたちの考えの把握やフィードバックをすることがメインとなりますが、もし時間的に余裕があるときは、タブレット端末上に座席表を入れておき、そこに気づいたことやステキなところや苦手としているところなどを座席表に記入していき、子どもたち１人ひとりのカルテ作りをしておきます。

　このとき、タブレット端末が大型モニター上に映し出されていないことに気をつけておきましょう。

㉑ 写真を撮る〜ものを撮る

　日常生活と算数は大きく関係しています。そのため、算数で学習したことが自分の身のまわりにあたりまえのように存在しています。

　そこで、三角形や四角形を学習したときには、「身のまわりから三角形や四角形を探して、写真に撮ってこよう」といった活動を取り入れると子どもたちも算数が身のまわりにあるんだと実感することができることでしょう。

　他にも、大きな数を学習したときには「新聞紙の中から大きな数を探して、写真に撮ろう」、九九を学習したときには「4×5を探して、写真に撮ろう」、立体を学習したときには「円柱や角柱を探して、写真に撮ろう」といった活動を行うことができます。

　写真を撮るということが一番ハードルの低い使い方です。一番ハードルは低いですが、一番学びを実感しやすいスキルでもあります。

22 写真を撮る〜黒板の写真を撮る

　授業終わりに板書を写真に撮ることを認めます。撮りなさいと強制はしません。「先生、撮ってもいい？」と子どもが言ってきたときがチャンスです。全体で話を広げていきます。

　おもしろいことに子どもたちは毎時間撮るわけではありません。みんなと話し合ったことが書かれている板書や今後の学習で深めていくときに大切だと思うような板書といったように、子どもたち自身で何か価値を感じて、自分のタブレット端末に残しておきたいと感じたときに撮ります。

　すると、次時以降の授業で、撮った板書を取り出し、「このときはこういう考えをしたでしょ」と説明する子が出始めてきます。こういった姿はこれまでになかった子どもの姿と言えることでしょう。

㉓ 写真を撮る〜ノートの写真を撮る

　ノートに書いたものを写真に撮り、提出をしたり、単元シート（算数スキル85 第6章 P.104）に蓄積をしていったりしていきます。

　タイピングに慣れていない低学年、タブレット端末よりノートでした方がしやすい図形の作図などのときには、ノートに描き、ノートの写真を撮ります。式を書くときもノートの方が書きやすかったりします。やはりタブレットでは紙のようには書くことはできません。

　また、子どもによっては、授業を振り返るときにはタイピングよりもノートに書く方が振り返りがしやすい子もいます。そのような場合は子ども自身にどちらを使うのか判断させましょう。

　タブレット端末より紙の方が思考を深めることができるといった二項対立の考えはやめましょう。

㉔ 写真を撮る～枚数を限定する

　子どもの中には写真を連写で撮る子がいたり、枚数を気にすることなく写真を撮ったりする子がいます。とりあえず撮っておけという意識では、考えずに取り組む可能性があります。

　例えば、5枚と限定することで、たくさん写真を撮った中から取捨選択をしたり、これは写真を撮るかどうかと考えたりし始めます。このように限定をすることで、視点を持って取捨選択をしたり、これまでの考えや写真と比較しながらどれを撮るのかを考えたりと学びを深めていくことにつながります。

　もちろん、たくさんのケースが出てくるときは無制限で撮ることもありです。どのような場面で制限をするのか、考えておく必要があります。

25 写真を撮る〜編集する

　もし活動に余裕があれば、写真を編集するための方法を教えておきましょう。ただし、余裕があればです。編集することで考える時間や発表する時間が減らないようにしましょう。考える時間や発表する時間の方が本質的な活動と言えます。慣れたら、子どもたちはパパッと編集することができるようになります。

　編集をするのは、写真から余分な情報を切り取り、必要な情報だけを残しておくためです。その方が見やすいからです。写真を送り合った後でももらった側がわかりやすいといった効果もあります。

26 写真を撮る ～1枚の写真に1つの対象物

　子どもたちには、「1枚の写真に1つの対象物」というルールを伝えています。例えば、身の回りから三角形を見つけたとき、まとめて写真を撮るということではなく、見つけた三角形を1つずつ撮るということです。

　1つずつ撮っておくことで、交流していく中で相手が欲しいといったものを送ることができたり、必要なものだけを残すことができたり、「一番自分が〇〇なものを提出しよう」といった課題を行うことができるからです。

　そして、何よりも「1枚の写真に1つの対象物」が見やすいからです。また、写真を撮るごとに枚数が増えていくため、子どもたちも学んでいることを実感しやすいようにも感じます。

㉗ 動画機能〜解説動画を作れ

　前述通り、子どもたちには、「わかるとは、相手にしっかり説明することができる」ということを伝えていることを動画機能を使って行います。

　例えば、作図の場面や筆算のアルゴリズムなどの手続的な知識のところで、動画作成をするような課題を出し、YouTuberのゲーム実況者のように手続きを解説していきます。

　動画を撮影するために子どもたちは何度も何度もその手続きについて表現していきます。そうすることで、手続きを覚えることもできます。

　自分が解説している様子を動画に撮り、その動画を自分自身で見ることによって、説明することができているのかということを自分自身で把握することができます。友達にも見てもらい、感想をもらうようにしましょう。

　今日の授業についての振り返りを動画で提出するといったことも有効です。

㉘ 動画機能
～自分の様子を可視化して改善せよ

　理科では、子どもたちが実験の様子の動画を撮り、その動画を比較したり、何度も見直したりして考えたりすることができます。板書の写真の活用のように、次時以降で撮影した動画を使い、既習と本時の学びを関連させながら、説明するときに使用することができます。体育では、自分の動きを撮影し、改善するために使用することができます。

　しかし、他教科と比べ、1年生の図形領域で様々な箱を転がしたりする様子を撮影する程度で、算数ではそのような使い方をする場面はあまりありません。

　だからこそ、「子どもたちが○○で使いたい」と提案してきたときに、使っていきましょう。

29 アンケート機能を使う

　子どもたちがそれぞれアンケートしたものを、グラフに表すといったデータ活用領域の実践でアンケート機能は大活躍します。それぞれがアンケートを作成し、アンケート結果を使用することで子どもたちにとっては教師から与えられた課題ではなく、自分自身の課題になります。

　しかし、紙でアンケートを作成し、クラスの人数分を印刷し、子どもたちに配布し、回収し、アンケートを集計するといったように時間が多くかかっていました。

　それが、タブレット端末を使うことで、人数分印刷する時間が減ったり、誰が提出していないかをすぐに把握することができたりします。そのため、グラフに表したり、グラフを読み取ったりといった一番時間をかけたいところに時間をかけることができるようになります。

30 送信機能
〜デジタルワークシートを送信

　使用したいプリントがあった場合、これまでは印刷機で印刷していたのを、印刷をしなくてもよくなります。ワークシート作りもタブレット端末上で完結します。プリントを子どもたちに配布する時間も不要になり、一瞬で送信することができます。そのため、大幅な時間短縮が可能です。カラーでデジタルワークシートを送信することができたり、操作して動かすことができるデジタルワークシートを作成したり、送信したりすることができます。

　また作成したデジタルワークシートはクラウドのフォルダーに入れておけば、いつでも・誰でも使用することができます。

　また、タブレット端末ではボタン1つでデジタルワークシートを子どもが使用したい分だけ、子ども自身で複製することができます。

31 動画を個人・みんなで見る

　1人1台、タブレット端末があるため、個人で動画を見ることができます。個人で動画を見ることができるため、自分のペースで動画を見たり、繰り返して見たいところは気兼ねすることなく繰り返して見たりすることができます。デメリットは、時間がかかるということです。そのため、個人で見るときは多めに時間をとった方がよいです。

　これまでは全体で1つの動画を同じように見ていましたが、タブレット端末がやってきて、自分のペースで動画を見ることができるようになりました。一方で、全体で1つのことを考えるとき、焦点化させたいときは個人ではなく、みんなで1つの動画を見るというこれまでのスタイルでよいことでしょう。

　場面や目的に応じて見極めていくことが大切です。

32 配信をする

　学習支援アプリによっては、教師機の様子をリアルタイムで児童機に配信することができます。配信することによって、児童は前のモニターを見ることなく自分の手元でも見ることができます。リアルタイムで映し出すことができるため、拡大をしたり、線を引いたりしたことがリアルタイムでより鮮明に見ることができます。

　この機能を使うと、オンラインで受けている子も家庭で見ることができることも良さといえます。

　注意事項としては、教師もタブレット端末を操作するため、視線が常にタブレット端末の方を向いてしまわないようにしましょう。操作しつつ、子どもたちの様子を見て、困っているところはないかなど把握できるようにしておきましょう。

33 スクリーンショット

　タブレット端末の機能によりますが、スクリーンショットができる機能が
ある場合は、子どもたちにすぐ教えましょう（タブレット端末によってスク
リーンショットの仕方は変わりますので、検索してください）。

　送信したデジタルワークシートや検索したページをスクリーンショットし
て、必要なところだけを切り取ったりすることに使います。思っているより
も使用します。

34 カメラ機能
～書画カメラの代わりに使う

　タブレット端末を固定しておき、カメラ機能を使うと、書画カメラの代わりとして使用することができます。

　コンパスを使って作図するときや物差しを使って測定をするとき、数図ブロックを操作するときなど、手元の操作を子どもたちに見せたいときに書画カメラを使用していきます。

　録音機能を使い、操作している様子を録画しておくと、それだけで動画教材になります。クラウドに入れておくと、子どもたちも何度も見直すことができる立派な動画になります。

㉟ 送信機能〜自分たちで送信する

　アプリによっては、教師や子どもたち同士に自分が作成したものを送り合うことができる機能があることでしょう。多くの学校で見かけるのが、教師と子どもでしか送信することをせずに、子ども同士で送信することをさせていないということです。先生がデジタルワークシートを送り、それを返信する。これでは紙をメインとして使う授業と何も変わりません。

　これまでと違い、1章で示したような回式の実践で、子どもたちが自分が集めた情報を交換したいときには、どんどん子どもたち同士で送り合うということをさせていきましょう。

　子どもたち同士で送り合いをするときに、授業と関係のないことをしてしまうのではと思う先生も多いことでしょう。そういうときは、算数スキル19（第2章 P.38）です。

36 検索する

　他教科と比べ、検索することはそれほど多いわけではありません。これまでの樋口学級の子どもたちを見ていると、作図の仕方を忘れてしまい、検索をしている子がいました。知識・技能の検索です。自分で検索し、方法を見て、思い出している子がいました。

　前述のように九九表を使いたいために検索をしている子もいました。思考のサポートをするための検索です。

　正○角形まで作ることができるのか、億以上の単位はなんなのかといったことを検索している子もいました。自分の興味に関わる検索です。

　子どもたちが検索をしたいタイミングでどんどん検索させていきましょう。

37 デジタルワークシートやカードに書き、提出する

デジタルワークシートはタイピングで入力をすること、手書きで書くということをしていきます。手書きで書くときは、紙ほど上手に文字が書けなかったとしても、他者が見てわかるように文字を書かせたり、線を引かせたり、させるようにします。

文字を黒色以外にすることは自分自身で選択させるようにしていますが、「他者が見てもわかる」という基準を作っておきます。

アプリ内で様々な色のカードを選択することができます。基本は、白色のカード、黒色で書く。振り返りはピンクのカードで書くといったように適当に色のカードを選択するのではなく、全教科の統一ルールの使い方を作っておくとよいでしょう。

38 シンキングツールを使う

　アプリによっては、シンキングツールを使うことができる機能があります。身のまわりから三角形や四角形を探し、写真を撮った活動をしたとします。子どもたちはたくさんの三角形や四角形を見つけ、たくさんの写真を撮ることでしょう。たくさんの写真を撮ると、分類・整理をしたくなるものです。そういったときにXチャートやYチャートを使ったりすると、よりわかりやすくなります。

　このように、シンキングツールを無理に使用するのではなく、必要感があるときに使っていくことが大事です。

　また、本来の使い方とは違っていても、子どもたちが使ってみたいと思ったときには使わせていきましょう。うまく使えなくても、子どもたちにとっては学びになります。

㊵ タイムラインに書き込む

　Google の classroom などには、タイムラインに書き込み、掲示板のように使うことができる機能があります。こういったタイムラインはみんなの目が触れるものです。何でもかんでも好きに書き込んでいいわけではありません。

　本時の学習で大切なこと、わからないこと、ヘルプがほしいこと、本時の振り返りなどのお題をしっかりと設けておきます。それに対して書き込みを入れていくようにすると、どんどん深まっていくことでしょう。また、次の時間に使うこともできるでしょう。

　もちろん、相手を意識した内容の書き振りでないといけません。絵文字や略語などは使わないように指導しましょう。

⑳ 音声入力

　音声で入力すると、文字に変換してくれる機能があったりします。

　国語科だと音読のときに音声入力し、自分の音読を聴くことができます。そういった活動のときに音声入力を使いますが、他教科に比べると算数はあまり音声入力は使用しないことでしょう。

　私はフラッシュカードのように問題のカードを作っておき、そこに音声入力をするという活動のときに使用することがあります。全員で取り組むフラッシュカードの個人バージョンというイメージです。パッと答えることができる力を鍛えるために使います。

41 協働編集

　Google のスプレッドシートやドキュメント、ロイロノートの共有ノートなど協働編集することができる機能があります。

　これらの機能は、あたりまえですが協働して取り組むときや考えを共有したいときなどに使用します。それ以外で取り組むと、あまり有効的な使い方はできません。

　1枚のテキストにクラス全員で書き込んだりすると、誰かが消した、誰かが文を移動させたなど混乱が起きます。そこで、グループ（3〜4人）ごとに1つのファイルや1つのページにしておくなど取り組みやすい環境を作っておきましょう。

42 タブレット端末上に書く

　タブレット端末上では、ノートのようにきれいに・ていねいに書くことは難しいです。これはタブレット端末の性能のため、仕方がないことです。だから、漢字練習ノートや書写のような字のきれいさは求めません。求められても子どもたちは困ってしまいます。もちろん相手が読んでわかる字で書かないといけません。適当ではいけません。

　だから文字をたくさん書くというよりも、囲んだり、線を引いたり、丸を書いたり、少ない文字をメモ書きのように書いたりといったような書き方を子どもたちに求めます。

　可能であれば、100円均一のペンでもよいのでペンを用意しておいた方が子どもたちにとっては親切です。

43 モニターに映しながら、ノート指導は必須

　事前に子どもが使用するノートの白紙部分を PDF 化しておきます。そして、iPad を AppleTV でモニターに映し出すといったように、教師用の端末の画面がモニターに映し出せるような環境を作っておきます。

　その PDF 化されたノートに書き込むとモニターには、リアルタイムで映し出されます。その映し出されたものと同じように子どもたちもノートを書いていくようにします。子どもたちは手元にある自分のノートと同じものがモニターに映し出されているということになります。だから、どこに何を書けばいいのかがとてもわかりやすくなります。

　ミニ黒板よりも、子どもたちはどこにどの文字や数字を書けばいいのかが把握しやすくなります。ミニ黒板では、子どもたちのノートと異なるところがあります。このモニターに映しながら、ノート指導は4月には必須です。

44 ノートを使うのか・タブレットを使うのか

　ノートを使うのか、タブレット端末を使うのかは、子どもたち自身で選択をさせます。タブレット端末をよく使い始めたときは、タブレット端末の方ばかりを使いがちです。

　しかし、タブレット端末を使う経験を積んでいくと、自分自身で選択することが少しずつできるようになります。「今は○○の方が有効だよ」と子どもたちにアドバイスすることも有効です。自分はどちらの方が学びを深めていくことができるのかという視点で、自分自身で選択させるようにします。

　タブレット端末よりも紙の方が書きやすいということはあります。逆にタブレット端末の方がよいということもあります。どちらかだけを使うことが大事という意識にならないようにしましょう。

45 つぶやき・勝手に話し始める

　1人1台タブレット端末の算数授業は、子どもたち1人ひとりに考えるための情報が集まります。そのため、子どもたちは先生が指示をしなくても勝手に対話が起こるという現象が起こります。また、気づいたとき、不思議に思ったときにはつぶやきを漏らすことが増えます。自分たちで考えを深めていく姿はとてもステキだと思いませんか。

　しかし、そういった勝手な対話、つぶやきを不規則発言、学習規律が乱れていると感じてしまい、「勝手に話をしない」というように指導することは、あまりにも勿体無いことです。もちろん授業とは関係のない話であれば、「その話は学習と関係があるのか」「学びが深まるのか」と指導します。

　勝手な対話、つぶやきを不規則発言、学習規律が乱れていると意識しているうちは1人1台端末の算数授業が本当に実現したとは言えません。

46 指導言をかえる

　これまでの発問、説明、指示といった指導言を大切にしながらも、私が1人1台端末の算数授業で使用することが増えた言葉かけです。

- ・試してごらん　　・調べてごらん
- ・チャレンジしてごらん　　・答えまで辿り着かなくても大丈夫
- ・どうしてそうなるんだろうね　　・おもしろそうだね〜
- ・とりあえずやってごらんよ　　・自分たちでなんとかしてごらんよ

　これらの言葉は試行錯誤をしてほしい、子どもたちが力を合わせたら、どうにかなるなどと考えたうえでの発言になります。1人1台端末の算数授業は全員で同じことを取り組むときもあれば、それぞれで取り組んでいくことも増えます。そのため、上記のような1人ひとりへの言葉かけが大切になってきます。

47 1枚のカードに1問・色変え

　算数科では子どもたちに練習問題を出すという機会も多いでしょう。1枚のカードに20問もあるようなものはとても見づらいです。多くても、計算問題のような知識・技能を問うような問題は原則5問まで、文章題は原則1問といった自分ルールを作っています。そのため、問題数が多くなると、カードの枚数が増えるということです。

　さらに、1枚目はカードの背景をピンク色、2枚目をブルー、3枚目をグリーンなどといったように枚数によって色を変えておきます。そうすることで、教室中を歩き回っているときに誰が何枚目なのかを把握、採点がしやすくなるといったメリットが生まれます。

48 デジタルワークシートの作成ルール

　私はデジタルワークシートを作るときには、

・図や表などを書くスペース
・文字や式などを書くスペース

をセットにして、作るようにしています。もしくは、図や表などを書くスペースだけで作るようにしています。

　私はあまり「式」だけや「言葉」だけで提出をしたりすることはさせません。式は一番洗練された表現です。相手に考えを伝えやすい反面、そのため、抽象度があがりすぎて、式を見てもわからないといったことが起こりえます。長文で書かれていても読まないからです

　デジタルワークシートには、子どもたちが動かせるものを添付しておくことも可能です。

49 タイピングは経験がものをいう

　タイピングスキルが身につくと、書くよりも話すことよりも早くに自分の考えを書くことができます。

　タブレット端末を使うとき、タイピングがどうしても遅くなり、子ども自身の思考の妨げになってしまうと考え、タブレット端末を使うことが億劫になることでしょう。

　算数の学習の本質とは少し外れてしまいますが、算数の学習において振り返りなどでタイピングをさせることで、タイピングスキルを向上させていきましょう。タイピングはタイピングの経験を積ませるだけ、スキルは向上していきます。半年もたてば、大人顔負けのタイピングの速度になります。

　タイピングの問題から逃げていては、いつまでも解消することはできません。覚悟を決めましょう。最初は時間がかかるものです。

⑤⓪ タイピングをさせる場面

算数授業において、子どもたちがタイピングをする場面は

> ・振り返りを書く場面　・考えをまとめる場面

が多いです。問題を提示する場面ではしません。問題を送れば済むからです。さらに、いわゆる自力解決のときには、他教科と違い、あまりタイピングは使いません。自分の考えを表現するために式を書いたり、線を引いたり、囲んだりすることなどはやはり手書きの方がしやすいところがあるからです。自分の考えをタイピングしていくのは教科の特性上難しいところがあります。そこに時間をかけたくないからです。一方で、考えをまとめる場面というのは、みんなで話し合ったり、たくさんの考えが出てきた後の授業終盤のときです。そこでは、板書を写真に撮ったうえで、自分の考えをタイピングしたりすることができます。

51 図形領域～低学年は体験重視

低学年において、図形を考察するうえで用いる操作として

①折る　②切る　③積む　④転がす　⑤しきつめる　⑥組み立てる

という6つが挙げられます。これらの操作はなかなかタブレット端末ではできないことです。そのため低学年において上記の6つに関することはこれまでのようにアナログ操作をオススメします。無理にデジタルで取り組ませると、逆に子どもたちの思考を妨げる可能性もあります。だから、こういった図形領域は操作面ではなく、共有するためやコミュニケーションを図るために使っていきましょう。

　他にも「定規、物差し」「分度器」「コンパス」などはこれまで通りのアナログで取り組んでいき、しっかりと体験をさせたいものです。

52 必要なワークシートは自分で作れ！

　私は、keynote やパワーポイントでデジタルワークシートを作成すること
が多いです。keynote やパワーポイントで作ったものを学習支援アプリに取
り入れます。

　時々、「使いたいデジタルワークシートがないんです」と言われる方に出
会うことがありますが、使いたいものがないのであれば、自分で作成すれば
いいのです。デジタルワークシートありきではないということです。授業の
作り方がまずいということも考えられます。使いたいデジタルワークシート
がないからといって、タブレット端末を使わないのは、本末転倒です。

　使いたいデジタルワークシートがなくても、授業が進むときは実はデジタ
ルワークシートが必要ないときかもしれません。

53　表現量・受信量が増えることを意識せよ

　これまでの授業は、基本的には、黒板前もしくは自分の席から1人が発信し、他は聞いている受信がメインでした。しかし、タブレット端末を取り入れたことにより本書のスキルに取り組むことで、1人が発信しているときに、聞きながら自分の考えを発信したりすることができたり、1度に複数の子の考えを知ることができたりと、子どもたちの表現する量、受信する量が増加することが予測できます。しかも全員の考えを知ることには時間がかかるのがこれまででした。しかし、提出箱の機能などを使うと、みんなの表現を知ることがこれまで以上に短時間でできます。

　これまでの授業とは異なった活動を取り入れていく必要があります。そのためには、教師の意識を変えることが大切です。

54 電卓を使う

　タブレット端末に電卓機能があったり、検索をすると無料で使用することができる電卓があります。その電卓機能は使っていきましょう。

　「算数で電卓⁉」と思われたかもしれません。数と計算領域で電卓を使用することは避けたいです。しっかりと計算できるようにしていきたいものです。

　しかし、データ活用領域では、計算をすることが一番の目的ではありません。データを表やグラフに表したり、分析したりすることが一番の目的です。電卓を使わずに計算することができればいいですが、計算ができずにデータを表やグラフに表したり、分析したりすることに支障が出そうなのであれば、電卓を使った方が授業の目標を達成することができます。

55 AI 型ドリルは効果あり

　これまで、プリントに取り組んでいるとき、早くできた子と時間がかかる子で差が生まれたりしていました。また、全員で同じプリントを同じ時間で取り組み、その結果、退屈にしてしまう子がいました。しかし、AI 型ドリルは、こういったことを解決してくれます。

　その子に応じた問題を用意してくれます。問題を早く終えたら、さらに問題を出してくれます。採点も自動的にしてくれ、誰がどこを間違えたのかがすぐにわかるようにもなっています。

　また、AI 型ドリルはゲーム的になっており、子どもたちはゲームのように多くの問題を取り組みます。中には何度も取り組むことで、問題と答えを覚えている子もいます。このように知識・技能の力を養うことができます。

56 AI型ドリルは協働をセットで

　前述通りにAI型ドリルはそれぞれに応じた問題を出してくれます。だからといって、それを1人で黙々と取り組んでいては学校に来る意味がありません。

　わからない問題やまちがえた問題があったときには、友達と一緒に話し合ったり、考えたりすることもセットにします。一緒に取り組むことで自分がわからなかったところやつまずいているところを発見することができるからです。一緒に取り組むことで、意欲が増すこともあることでしょう。

　一緒に取り組んで正解してもいいのかと思うかもしれません。再度似たような問題が出てくるため、そこで正解すればよいだけの話です。

57 「自分の学びを深めるために 使うことができているのか」

　授業と関係のないことをタブレット端末でしてしまう子がいます。そんなときには、

> 「それは自分の学びを深めるために使うことができているのか」

と子どもたちに問いかけ、自分の使い方がどうだったのかを自分で振り返りをさせるようにしています。自分で振り返りをさせるから、自分が次はどうしたらよいのかを考えることができるようになると感じています。すぐには治らなくても、何度も言い続けることが大切です。

　また、上記のようなことを言いつつもこの授業はこの子にとっては退屈ではないかと自分自身の授業について反省することも大切です。つまらない授業ではつまらないから違うことをしてしまうのです。

58 タブレットは常に机もしくは机の中

　タブレット端末を充電する保管庫がある教室も多いことでしょう。知り合いの教室では、使うたびに取り出し、使い終えるとしまうというルールがあるそうです。このルールのままだと、いつまでたっても、学習者用の端末にはなりません。教師の指示のもとでないと使えないというわけです。

　このようなルールはいますぐに撤廃し、朝来たら保管庫から取り出し、机の中に入れておくか、机の上に出しておくか、座席近くのところに置いておくかといった、いつでも使うことができる環境を整えていきましょう。

59 問題を提示は必要ない

　タブレット端末上で、本時の問題を提示したり、送信したりすることはあまり必要ないと考えています。

　問題は板書をした方が効果的だと考えています。板書をするとき、子どもたちの視線が黒板に集まります。その様子を見て、子どもたちがわかりにくそうにしていたら、追加発問をしたり、活動を追加したりすることができます。そういったことができるため、タブレット端末上の提示はあまり必要ないと考えています。

　タブレット端末上で行う場合には、「わからない子おいで〜」「ひっかかっている子おいで〜」と一箇所に集めて、説明をしたりすることもあります。

60 探究サイクルをもっと意識せよ

　課題の設定→情報の収集→整理・分析→まとめるという探究サイクルを
もっと意識して算数授業を作るとよいでしょう。以下のことを参考に、授業
を作ってみましょう

情報の収集……解決するために必要な情報を収集したり、選択したりする
　　（情報を収集する）

整理・分析……考えたことや調べたことを文、式、絵や図や表に表す
　　（比較・関連付け、多面的に考察をする）

まとめる……「整理・分析」で表したことをもとに話し合い、その話し合っ
　　たことをわかりやすく発表したり、表現したりする
　　（自分の考えを表現したり、情報を発信したりする）

61 タブレット端末を見せながら、説明させよ

　タブレット端末上に自分の考えを表現したときには、その考えを相手に説明したいものです。子どもたちは知識を覚える、技能ができるといった「できる」面だけを意識しがちです。「できる」「わかる」の両輪が大切です。そこで、子どもたちには、

「わかるとは、相手にしっかり説明することができる」

ということを伝えておきます。説明をするときは、タブレット端末を相手に見せながら、自分が表現した絵に指をさしたり、書き込みをしたり、操作をしたりしながら、説明をしていくようにします。そうすることで、相手に自分の考えを伝えやすくなります。相手に見せない状態では言葉と言葉だけの空中戦になり、相手に自分の考えがしっかり伝わらないということも考えられます。

62 お互いに説明するときは サインをさせよ

　自分の考えを言うだけでは一方通行で終わってしまうかもしれません。そこで、話し合って、自分の言っていることがしっかりと相手に伝わったかを相手に判断してもらいます。

　「しっかり伝わったよ」と言われたら、その子に名前のサインをノートやデジタルワークスペースの空いているところに書いてもらいます。

　この相手に伝わったかどうかがポイントです。伝わらなかったら、「よくわからない」と遠慮なく言っていいと伝えています。子どもたちは相手に「よくわからない」と言うことを躊躇しがちですが、言われることによって、自分の考えを再整理したり、表現の仕方をかえたりするため、より学びを深めていくことになります。先生自身もよくわからないときは、よくわからないと言ってかまいません。

63 立ち歩いて交流する

　他者と交流する場面は、ペアや全体の場だけではありません。自分の考えを表現することができた子から歩き回り、表現することができた子同士で考えを交流することができます。

　考えを交流するときは、自分の画面を見せながら、説明していきます。そして、自分が思いつかなかった考えや不足している情報があったときには、相手からその考えを送信してもらうといったことをするとより自分たちの考えを深めていくことができるでしょう。そして、最後には相手からサインをもらいます。

　こうすることで、まだ考えたい子は安心して、考え続けることができます。さらに、わからないと悩んでいるときには、立ち歩いている子に声をかけ、教えてもらったり、一緒に考えたりすることができます。

互いに説明しおえたときは、相手の考えを伝えよ

　「立ち歩いて交流」「お互いに説明するときはサインをさせよ」といったスキルに付け加えたい、少しステップアップしたスキルになります。

　考えを相手に言い、相手にしっかり内容が伝わっていたとします。そこで、サインをする前に、「〜さんの考えって、こういうこと？」と相手の考えを要約したものを聞いた側から伝えます。そこでしっかりと伝わっておれば、サインをします。しかし、伝わっていない場合には、再度説明をします。

　私は子どもたちに、

「聞いているとは自分の言葉で再現できること」

と伝えています。聞いた通りに完全に再現することは難しいです。だから、自分の言葉でかまいません。自分の言葉と聞くと、安心する子もいます。

65 黒板を解放する

　黒板は先生のものだけではありません。子どもたちも書き込んでいいところです。自分の考えを音声だけでなく、絵や図を書きながら、式を書きながら説明することで相手も理解しやすくなります。

　黒板に字や数字を書くとき、子どもたちは小さく書いてしまいがちです。だから、私は「１文字＝げんこつ１個分」と子どもたちに伝えています。

　ただ、こちらにも板書計画があります。ここでこんなことを書きたいと思っていることもあります。そんなときは、「ここら辺に書いてね〜」と指示をすることもあります。

　子どもたちの思考を促したり、子どもの学びを深めたりすることができるのであれば、インスタ映えのような板書にならなくてもかまいません。むしろ映えるような板書を目指す必要はありません。

⓺⓺ 黒板の役割がかわる

　タブレット端末が入ってきて、板書をしなくなったという話を聞くことがあります。たしかに、学習内容によっては板書をする量が減ることもあります。これまで以上に板書量が増えるということもあります。だから、タブレット端末が導入されたことで、板書が必要ない、板書を全く書かないとは思いません。板書に新しい変化があった結果が、板書が必要ない、全く書かないということではないということです。

板書＝子どものノートではなく、板書＝子どもの思考を促すツール

ということに役割がかわります。これからの板書は、より思考を促すというツールの役割が大きくなるということです。だから、私には板書をしなくなるということは、思考を促すチャンスを逃してしまうのでは？と思ってしまうのです。

67 全体の場ではモニターに指を差しながら、みんなに説明

　全体で考えを発表するときには、自分で考えたものをモニターに映し出し、そのモニターに指を差しながら説明していきます。モニターに指を差しながら説明は顔があがっていることが多いです。

　場合によっては、自分のタブレット端末上で書きながら、説明することもあることでしょう。こういったときに、聞き手の方を見ずに説明をしてしまいます。それでは、自分の考えが相手に伝わったかどうかはわかりません。モニターに指を差しながら説明するときもモニターの方ばかりを見ていては、意味がありません。

　だから説明をするときは、みんなの反応を見ながら説明をするということをクラスの約束事にしておきましょう。みんなの反応によって、もう一度言ったり、質問をしたりしていくように何度もアドバイスをしていきましょう。

68 振り返りの提出

　授業最後に書く振り返りは、アプリ上で提出をしてもらうことが多くあります。タブレット端末上で振り返りを書くのか、ノートに書くのかは子どもたちに任せます。ノートに書いた子は写真に撮り、送信をしてもらいます。タブレット端末上にあれば、隙間時間などに子どもたちの振り返りを見て、コメントを書くことができます。これがノートでは、いちいちノートを運ばないといけないため、そのようなことはできません。

　また、単元で書いてきた振り返りも一つの画面上で見ることができます。そのため、単元を通して振り返りをしやすくなります。

69 振り返りをテキストマイニングで分析する

　子どもたちが書いた振り返りをAIテキストマイニングで分析をします。このときは子どもたちは手書きではなく、タブレット端末上で提出をさせておきます。

　AIテキストマイニングの分析から、

・数学的な見方・考え方に着目させることができたかがわかる
・教師が設定した本時のねらいと児童が思考してきたことにズレがないかを確かめることができる

ということが文字の大きさからわかります。

　次時の授業の最初には、「昨日の振り返りは何の文字が大きいと思いますか」と聞き、子どもたちと前時の振り返りをしてから、AIテキストマイニングの結果を見せます。

70 振り返りを授業最初に共有する

　よく書けている振り返りを授業の最初に紹介をします。振り返りはタブレット端末を通して、提出をしておきます。そうすることで、振り返りの実物を見せながら紹介することが容易にできたり、データをみんなに送信をして個々の手元にある状態で振り返りを紹介することができます。これまでは教師か子どもが音声表現をすることがほとんどでしたが、変わります。

　振り返りの実物を見せることができるため、図を描いたりして相手に伝わりやすいように振り返りを書くようになったりします。個々の手元にデータがあることで、それを参考にして本時の振り返りを書くことができます。これらのことは紙ではなく、タブレット端末でしか取り組めないことです。

71 振り返りを書いているときに他者の振り返りを見ることができるように

　これまでの振り返りは、ノートで自分の振り返りを表現するものでした。また、誰がどのような振り返りを書いているかは振り返りを書いている途中にはわかりませんでした。

　しかし、スプレッドシートや共有ノートなどの協働できる機能を使い、全員が共有できる環境で振り返りを書くと誰がどんな振り返りをしていたのかを振り返りを書いている途中に知ることができます。子どもの中にはなかなか振り返りを書くことができない子がいます。色々な理由がありますが、「どのようなことを書いたらいいのかわからない」「どう書けばいいのかわからない」といった子もいることでしょう。しかし、上記のような環境だと、「こう書けばいいのか！」と他者の振り返りを見ながら思い、参考にして振り返りを書くことができます。

いいなと思った考えは
送信してもらう

　算数スキル63（第5章 P.82）で立ち歩いて交流するスキルについて、紹介しました。このとき、自分が思いつかなかった考えや良いなと思った考えがあれば、相手からその考えが書かれているカードを送信してもらうようにします。このような取り組みをすると、なんでもかんでも送ってもらうのでは？と思う方も多いことでしょう、しかし、案外子どもたちは自分の考えや現状と比較をして、その考えが欲しいかを考えています。

　このように送信をしてもらうことで、自分の考えが補完・強化されていきます。子どもたちにどんどん取り組ませていきたい考えです。

73 考えをまとめる

　タイピング能力があがると、字を書くよりも早く自分の考えを表現することができるようになります。

　様々な考えを交流した後、「ここまで話し合ってきたことをまとめてごらん」と言っても、動き出すことができない子がいます。これはまとめるための方法がわからないのです。まとめるということ自体をタブレット端末はしてくれません。あくまでまとめるのは学習者です。

　まとめることが難しい子どもたちには、「「一番大切だと思う考え」「共通していること・違うこと」などを書くことだよ」と伝えるようにしています。それでも難しそうにしている子には、「欠席している子に今日学習したことを手紙に書いてみよう」と伝えるようにしています。

74 振り返りを４段階のカードで

　めあてに対して、どれほど達成したのかを振り返るときには、４段階のカードを提出するようにしています。

　うすい青色のカード・・・めあてを達成できた
　青色のカード・・・めあてをまぁ達成できた
　濃い青色のカード・・・めあてをあまり達成できなかった
　黒色のカード・・・めあてを達成できなかった

という４段階でカードを提出してもらうようにしています。

　また、うすい青色のカードや青色のカードを提出するときには「どうして達成することができたと思うのか」、濃い青色のカードや黒色のカードのときには「達成するためにどんなことをがんばったらいいのか」ということを書いて、提出してもらいます。

75 振り返りは、6つの視点で

　低学年では、以下のような6つの視点をカードにして、タブレット端末上に送り、そこに書き込み、提出するということを行いました。

　（　　　　）に子どもたちは書き込みます。いくつ書くのかは子どもたちに任せます。

- ・（　　　　　　　　）がたいせつです。
- ・（　　　　　　　　）ということにきがつきました。
- ・（　　　　　　　　）ということがわかりました・できるようになりました。
- ・（　　　　　　　　）というともだちのはなしがステキでした。
- ・（　　　　　　　　）というといがでてきました。
- ・（　　　　　　　　）ということがよくわかりませんでした。

76 最低３つの情報を集めよ

　子どもたちに、次のような話をします。「A」という結論があったときに、本当に「A」なのか１つだけの情報では信憑性が低いです。違うかもしれません。だから、

> 最低でも３つの情報を集め、３つの情報とも「A」という考えであれば、「A」という結論は正しい

ということを子どもたちに話をします。つまり、帰納的に考え決まりを見つけるためには、３つの情報が必要になるということです。

　このような話を子どもたちにしておくと、１つの考えを思いついたり、１つの情報を見つけたりすることだけで満足することなく、２つ目、３つ目の考えや情報を探し出そうと動き出します。

77 どの立ち位置かな

　その事象に対して、イエスならピンクのカードを提出、ノーならブルーの
カードを提出するといったように、自分が思っている考えの色のカードを提
出します。

　これまでも、イエスならパー、ノーならグーのハンドサインといったよう
にしてきました。しかし、誰がどのハンドサインをしているのかは近くの子
はわかりますが、遠くの子まではなかなか把握することができませんでした。

　しかし、タブレット端末の場合だとタブレット端末上で全員がどのカード
を提出しているのかがわかります。わかるということは、先生も子どもも全
員の立ち位置がわかるということです。全員の立ち位置がわかると、自然と
子どもたちは活発になっていきます。

78 領域ごとに、タグを作ろう

　私は【数と計算領域】【図形領域】【測定領域】【変化と関係領域】【データの活用領域】の領域ごとにファイルを作ることを提案しています。クラウドだからできることです。これはノートではできないことです。領域ごとにノートを使い分けるわけにもいきません。

　タブレット端末の良さの1つは一画面で複数の単元のことを見ることができることです。そのため、「前の単元を振り返ってごらん」と言わなくても、画面上に前の単元も写っているため、自然と子ども自身で振り返ることができます。

　ノートでは、新しいノートを使い始めたら、使い終わったノートは家庭での保管となることが多く、これまでの学習について書いているノートのところを見ることができませんでした。

79 Kahoot! を使う・有効な場面

　Kahoot! とは、無料で使用することができるクイズアプリです。子どもたちも大好きなアプリです。学習支援アプリがメインとすると、サブ的な役割を果たしてくれます。プリントと同じ問題をしたとしても、ゲーム的な楽しさがあり、子どもたちは進んで取り組んでいきます。

　私は、

- ・子どもたちが問題を作成、その問題をみんなで解き合う
- ・テスト前に単元の復習
- ・本時につながる問題の復習（授業冒頭5分）
- ・1時間の学習の振り返り（授業終末5分）

といった知識を確かめるためなどに使用しています。

80 Kahoot! を使う準備

　Kahoot! を授業冒頭でするときは、「5分休憩中に繋いどいてね」と子ども
たちに言うことがあります。チャイムと同時にスタートします。もし遅れて
しまったとしても、途中から参加できるモードもあります。遅れたら参加さ
せないということはいけません。普段授業に遅れてしまう子もしっかりと準
備をすることができたりします。

　前日の宿題の問題を Kahoot! の問題にしておきます。Kahoot! で良い成績
を取りたいというために、普段宿題をしてこない子や熱心に取り組むことが
できていない子たちが一生懸命に宿題に取り組んだり、宿題についての質問
をしてくれるようになります。

　外発的動機かもしれませんが、とても有効な使い方かもしれません。

81 Kahoot! の問題は自分たちで作る

　Google フォームなどを使用すれば、子どもたちが作成した問題をすぐに Kahoot! 上で適用することができます。テンプレートやアップの仕方などは検索をしてみてください。すぐに詳細が出てきます。

　問題を作るにはしっかりと学習をわかっていなければできません。ましてや4つの選択肢も作ることになるので、よりハードルはあがります。問題作りはその単元を振り返ることにもつながります。

　子どもの中には問題作りに苦戦する子もいることでしょう。そのような子には、教科書やノートを見返したりするように伝えましょう。困っているときに、どうすればよいのかということを伝えることも学び方を伝えているということになります。

82 歩き回って、
すべて共有できたと思うな

　算数スキル 63（第 5 章 P.82）「立ち歩いて交流する」では、立ち歩いて自分の考えを交流する大切さについて書いてきました。ここで注意点があります。それが、歩き回って、交流することによって、お互いの考えや全ての考えを共有することができるとは限らないということです。

　このあとに、考えを深めていくためのみんなの共通言語になったり、自分の考えで不足分を補ったり、自分にはなかった視点を獲得していったりするための活動といえます。そのため、この活動によって、お互いの考えや全ての考えを共有することができるとは限らないということを授業者として、意識しておく必要があります。これだけの活動で、考えを共有する時間をおえないようにしましょう。

83 問題集、プリントデータを入れておく

　クラウドに自由に使うことができる問題集やプリントのデータを入れおきます。クラウドであるため、自分が取り組みたいときに学校でも家庭でも取り組むことができます。基本的に問題集をクラウドにアップしていいのかどうかは出版社に確認を必ずとりましょう。そのため、自作のプリントを入れておくことをオススメします。

　このようにクラウド上に入れておくと、自分が必要としている内容を必要な分だけ取り組むことができます。また、自分が苦手としているところに取り組むことができます。答えも入れておくことで、自分たちでまるつけができるようにしておきます。

84 提出箱を使って、自分の考えをパワーアップ

　学習支援アプリによって、自分の考えを提出したところで、他者の考えを見ることができる機能があります。そこで、自分の考えを提出したあとは、他者の考えを見るようにします。しかし、このとき、ぱーっと提出物を見て、「先生見ました～！」と言う子がいます。この子はどのように見ていいのかわかっていない可能性があります。

　そこで、「自分では思いつかなかった考え」「自分には不足していた考え」「とても良い考え」「自分の考えと似ている考え」を見つけてごらんと子どもたちに言うだけで、子どもたちは自分の考えと比較しながら、見ていくことができるようになります。

　また、そういった考えは自分のタブレット端末上にもってきておくように伝えることも有効です。

85 単元シート

　単元シートを単元の1時間目の授業で配布をします。そこには、単元で何時間目にどのような学習をするのかを載せています（教科書の小単元ごとに書かれている見通しを書くことが多いです）。

　単元シートはポートフォリオのように使います。授業で使用したデジタルワークシート、振り返りシートなどはこの中にどんどん入れておきます。入れておくことで、振り返ったときに、どのような学習をしたのかがすぐにわかります。

　算数スキル78（第6章 P.97）で示したようにファイルを領域ごとに作っておくことで、前の学習でどのようなことをしたのかを前の単元シートを見ることで容易に行うことができます。ノートとは違い、1つの画面上で取り組めることは学びを深めるために有効です。

86 家庭学習で取り組む

　タブレット端末を持ち帰る学校も増えてきたことでしょう。ただ、タブレット端末を持ち帰り、また持ってくるとか家で充電をするだけではもったいないです。せっかく持って帰っているのであれば、次の時間に取り組む問題を送信しておき、その問題を解決するところまでを宿題にします。すると、学校での授業はその問題を解決した状態からのスタートになり、これまで宿題で取り組むことが多かった反復練習を学校で時間をかけて取り組むこともできたりします。また、授業最初には、「ひっかかったことなかった？」「難しいところなかった？」「疑問に思ったところはなかった？」ということを共有するところからスタートをしてもよいことでしょう。このように授業展開を柔軟にアレンジしていくこともできます。

87 手元に情報がある

　これまでの授業は考えるために欲しい情報が黒板にあることが多かったです。なぜならみんなで話し合ったときに、板書したり、プリントを貼ったりと情報が黒板に集約されていたからです。

　しかし、タブレット端末上で表現したものがあれば、それを子どもたちのタブレット端末に送信すると、どの子も共通したものが手元に集まります。手元に情報があるため、さらにそこに書き込みを加えたりと、二次加工をそれぞれがすることができます。そのため、これまで以上に子どもたち自身で学びを深めていくことができるということです。

88 比較することは タブレット端末はしてくれない

　算数授業において、比較する場面は多くあります。しかし、「比較をしな さい」「比べなさい」と子どもたちに言っても、どのようにすればいいのか わからないと悩む子は多くいることでしょう。そして、こういった比較する 活動はタブレット端末がしてくれるわけではありません。子どもたち自身が していくしかありません。

　多様な考えが出てきたときには、「共通するところは何かな」「違うところ は何かな」と発問すると子どもたちは比較しやすくなります。また、何と比 較するのかを授業者としては考えておかないといけません。対象がない場合 はあたりまえですが、比較する必要はありません。既習、子どもたちの考え、 問題、これから学習することなどが比較対象になります。

89 統合・発展的に考えることは タブレット端末はしてくれない

統合とは集合・拡張・補完（中島、1981）のことであり、

・関連づける　・既習の事項と結びつける

ことです。

　一方の発展とは、

条件を変える、適用範囲を変える、新たな視点から問いなおす

ことです。

　算数スキル 88（第 6 章 P.107）と同様に、統合・発展的に考える活動はタブレット端末がしてくれるわけではありません。私はこの統合・発展的に考えるということが算数科における深い学びと考えています。授業のなかでしっかりと統合・発展をする場を作っていきます。子どもたち自身でも統合・発展することができるようになってきます。

90 考えを深めよう

　統合・発展をするためには、

・授業で出てきた考え方で共通することは何？（統合）

・これまでに学習したことで、似ているところは何？（統合）

・数値が変わっても使える考え方は何？（発展）

・条件（例えば三角形→四角形、小数→分数）が変わっても使える考え
　方は何？（発展）

といったことを発問していきます。基本的には、統合→発展の順番です。

　上記のことをまとめた表をタブレット端末上で子どもたちに送信し、子ど
もたち自身でその表を見て、統合・発展を子どもたち自身でできるようにし
ていきます。

---

91 めあて作り

　私は、問題を提示後、問いを発見したあとに、「どのようなことを考えたいのか・できるようになりたいのか」「どのようなことを達成したいのか」ということを1人ひとりが考え、表現する「めあて作り」の時間を行うようにしています。そのため、授業によっては全員同じめあてになることもあれば、1人ひとり違うめあてになることもあります。図工の制作のようなイメージです。

　このとき、めあてを作れた子は提出箱に提出し、他の子はどのようなめあてを作成したのかを見あったりするようにしています。また、スプレッドシートや共有ノートなどの協働できる機能を使い、そこにそれぞれがめあてを打ち込むことでリアルタイムで誰がどのようなめあてを作っていくのかを見ることができます。

大切なことって何?

　私たちは子どもたちにすごく曖昧な問いかけをすることが多くあります。そのなかの1つが「大切な考えを書こう」です。大切な考えとは何でしょうか。私は、

- ・これまでの学習にもつながっていること
- ・これからの学習にもつながっていること
- ・共通していること
- ・数が変わっても、条件が変わっても、いつでも使うことができる大切な考えのこと

というようなことを大切な考えと子どもたちに伝えています。つまりは既習や見方・考え方などが大切な考えということです。

93 学習者選択できるようになる ポイント

　学習者選択できるようになるために、24 ページに示した段階、それぞれの段階に応じたサポートが必要になってきます。

　それだけでなく、自己選択・自己決定といった自己○○の場を授業の中で位置付けていくことが何よりのポイントになります。1 から 10 まで先生が選択・決定していくような授業では、いつまでたっても学習者選択なんかできるようになりません。子どもたちは自己選択・自己決定といった自己○○が大好きで、やる気が出てきます。自己で選択しているから、自己で決定する。だから、自己で表現したり、思考したりするといったように活動が連続していくのです。全員一緒、全員同じ問題、全員同じ時間でといった全員○○からの脱却をしていくことが大切です。

94 クラウドにアイテムを入れておき、子どもたち自身で使用させよ！

　子どもたち自身で入ることができるクラウドを用意しておきます。そのクラウドには、授業で使用したデジタルワークシートや、子どもたちに思考を促してくれるようなツールを入れたりしておきます。

　子どもたち自身が必要なときにいつでも取り出し、そのデータに書き込みができるようにしておきます。学校だけでなく、家庭でも使用することができます。クラウドに入れておくだけでは、子どもたちは自分から使用しません。授業の中で使用したり、このファイルから取り出して自分で使用するという経験を積ませていくことが大切です。

　また、子ども自身で使用したときには、「○○さんがこのように使っているよ。すごいね」とその子の行動に意味づけて評価をしていきましょう。

95 考えるときは1人で学ぶのか、グループで学ぶのか

　自力解決の時間は1人で学ぶのか、グループで学ぶのかは子ども自身で選択をさせるようにしています。1人で学ぶことが不安な子は、グループだと安心して取り組めるかもしれません。そして、自分では思いつかなかった考えを思いつくといったメリットがあります。自力解決とは孤独に1人で取り組まないといけない時間ではありません。

　よくこのようにさせると、この後の全体で共有する時間をどうするのか、することがなくなるのではないかと意見をもらうことがありますが、

・自力解決の時間だけですべてがわかっているとは限らない
・自力解決や全体で共有した考えを統合・発展するところに授業の重きを置いている

といったことから困ることはなく、むしろ深い学びを実現するためにメリットしかありません。

96 どれを解いているかを可視化する

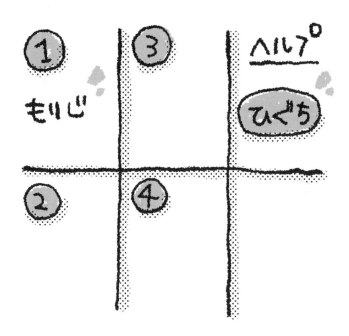

　1、2、3、4のプリントを取り組んでいるとします。そのときに、ジャムボードや共有ノートで、1、2、3、4、サポートします、ヘルプというスペースを作っておきます。またクラスの子どもたちの出席番号をデジタル上で用意しておきます。

　そして、自分の現状を表すようにします。例えば、出席番号8番の子が4のプリントに取り組んでいるときには、4のスペースに自分の出席番号のカードを置いておきます。そうすることで、誰がどのプリントに取り組んでいるのか教師も子どもたちも把握することができます。

　困っているときにはヘルプのスペースに、番号を置いておきます。サポートできるときには、サポートのスペースに番号を置いていきます。

97 表やグラフ

　Excel やスプレッドシートなどが使用できる場合には、表やグラフの作り方を教えておきます。何度か取り組むと子どもたちは操作を覚えることでしょう。データ領域の学習でアンケートなどを実施したときには、これらのアプリで表やグラフを作成し、作成した表やグラフをもとに気づいたことやわかったことを表やグラフを提示しながら、説明するという活動を行うことができます。子どもたちが使いたいタイミングで使わせましょう。紙とは違い、すぐに作成することができます。

　表やグラフを描くことが苦手な子は、一度アプリで表やグラフを作成したのちに、作成したものを参考に描くという活動も有効です。

　単元の終わりに、本単元で学習してきたことをもとに、問題作りを行います。タブレット端末上で行います。問題、解答欄を作るだけでなく、作成者を書く欄も設けておきます。作成した後は、子どもたちが見ることができるフォルダーなどに入れておき、自分が取り組みたい問題を自分で選択させるようにします。そして、問題を解いた後は、作成者に送信します。作成者は答え合わせをして、送り返します。このとき、間違えている場合には、解説をするというところまでをセットにしておきます。

　また、2枚目に回答と解説をつけておくと、その問題に取り組んだ子自身で答え合わせをすることができます。

　自分たちのペースで取り組ませていきましょう。

99 デジタル絵や図

　クラウド上に子どもたち自身が取り出したりすることができるファイルを作っておきます。

　そのなかに、「ブロック」「絵」「ドット図」「テープ図」「線分図」「関係図」「4マス関係表」など、使い方が書かれたカードを入れておきます。これらのカードは子どもたち自身で書き込みができるようにしておきます。

　これらのカードは色を変えておきます。どの絵や図を使うかは子どもたち自身に選択させるようにすると、子どもたちが使用している絵や図はバラバラになる可能性があります。そこで、色をかえておくことですぐに誰がどの絵や図を使っているのかを把握することができるようにします。

　（詳細は樋口万太郎、石井英真「学習者端末 活用事例付：算数教科書のわかる教え方1・2年」学芸みらい社、2022 をご覧ください）

⑩ 必要な分だけ、複製する

　授業で使用したデジタルワークシートは、クラウドに入れておき、子ども
たちが自由に取り出したりするということは前述通りです。

　子どもたちはそれに加え、授業で教師から送信したデジタルワークシート
を自分たちで必要な分だけ複製をして使っています。多く複製しておき、使
わなかった分は削除しているといった子もいました。

　これまで紙で取り組んでいたときは、「先生、ワークシートちょうだい」「ご
めん、もう印刷がないのよ……」ということもありました。しかし、それが
なくなります。

　子どもたちに自分の判断で必要な分だけ複製させていきましょう。これは
1年生でもできます。

101 音声入りデジタルワークシート

　　フラッシュカードの個人バージョンです。1枚目のカードに問題、2枚目のカードに答えを1セットにして、何セットも作っておきます。そして、時間が来ると次のカードに切り替えるようにしておきます。そして、1枚目のカードには問題を読み上げる音声を入れておき、2枚目のカードには答えを読み上げる音声を入れておきます。子どもたちは音声を聞き、答えを言う。そして、答えがあっているのかを確認するという流れで取り組むことができます。

　　個人バージョンということで自分のペースで取り組むことができます。

　　慣れてきたら、子どもたち自身でフラッシュカードを作り、それを使い、取り組んでいくことでしょう。

102 方向づけ

　ここまでに、子どもの活動を意味づける大切さについて書きましたが、ときには方向づけることも大切です。

　子どもに任せるというと何も言ったらダメというように捉えてしまう方がいます。学習者が常に正しく選択をすることができるとは限りません。だから、学習者がどう考えても「学びを深める」ことにつながらないような選択をした場合には、「もっと〇〇した方が考えが深まる可能性があるよ」「〇〇もしてみたらどうかな」と教えることもたまには必要です。毎回、このように教えると「結局先生が教えてくれる」「先生の言ったとおりにしないといけない」と思ってしまい、自己選択することができない子どもになってしまいます。毎回はやめましょうね。

103 自分が選択したことを 振り返る・交流する

　授業の最後に自分が選択して取り組んだことが有効だったのかどうか、振り返る場を設けるようにします。そういった振り返る場があるからこそ、「よし！次も○○を選択しよう」と子どもたちは思うものです。

　また、Google のスプレッドシートやドキュメント、ロイロノートの共有ノートなど協働編集を使い、子どもたちがどの方略を選択したのかがわかるようにしておきます。そのときに、どうしてそれを選択したのかということを交流したり、授業最後に選択してどうだったのかということを時々交流しておくといった活動も有効です。交流しておくことで、「自分とは違うものもこんなことが有効なんだ」ということに気づく可能性もあります。こういった学習内容ではなく、学習方略の振り返りをしておくことも大切です。

メモ代わりに使わせる

　子どもたちは途中計算やメモ書きのようなものをノートに書くことを嫌がる子が多いです。しかし、不思議なものでタブレット端末に書いてもいいよというようにすると、子どもたちは進んで書くようになります。ノートは正しい考えだけを書いておきたいという思いがあるのかもしれません。

　また、友だちの考えを聞いていいなと思ったことがあれば、どんどんタブレット端末上にメモ書きをさせていきます。私は友だちの考えを聞きながら、ノートやタブレット端末に表現していく姿を目指します。手は膝の上、発表者の方に体を向けて話を聞くという指導をよく聞きます。見た目では聞いているように見えても、本当に聞いているかはわかりません。また、発表を聞いているときに「こんなことを考えておきたい」「こんなことをメモしたい」と思ってもできません。学びのチャンスを失っているとしか言えません。

105 どのように学んでいくのかを示していく、まとめたものを渡しておく

　問題がわからないときには、ノートを見返してみる・教科書を見てみる・友だちに聞く・友だちとともに取り組むといったようにどのように取り組んでいけばいいのかといったように選択肢を図や表にまとめ、子どもたちにタブレット端末上で送信しておきます。もしくは子どもたちが見ることができるフォルダに入れておいたり、トップ画面で固定したりしておきます。ここまでに示した1人で取り組むのか・グループで取り組むのかといったことや統合・発展していくためのものなども同様です。これまでは教室に掲示していたものをタブレット端末上に入れておくということです。このようなまとめたものを見ることができるため、子どもたちは様々な場面で自己選択・自己決定などをすることができるのです。

【引用・参考文献】

・樋口万太郎『GIGA スクール構想で変える！１人１台端末時代の授業づくり』
　明治図書出版、2020

・樋口万太郎、宗實直樹、吉金佳能
　『GIGA スクール構想で変える！１人１台端末時代の授業づくり２』
　明治図書出版、2021

・樋口万太郎『GIGA スクール構想で変える！１人１台端末時代の算数授業づくり』
　明治図書出版、2021

・樋口万太郎、石井英真
　『学習者端末 活用事例付：算数教科書のわかる教え方１・２年』
　学芸みらい社、2022

・樋口万太郎『子どもがどんどん自立する！１年生のクラスのつくりかた』
　学陽書房、2023

・樋口万太郎『はじめての３年生担任　４月５月のスタートダッシュ』
　東洋館出版社、2023

・樋口万太郎『協働的な学びを実現する！子どもたちの学びが深まるシン課題づくり』明治図書出版、2023

・清水章弘・八尾直樹『小学生から自学力がつく！』すばる舎、2022

・樋口万太郎『教室ツーウェイ NEXT 19 号』学芸みらい社、2023

【参考・引用サイト】

・文部科学省「生徒指導堤要（改訂版）」
　(https://www.mext.go.jp/content/20221206-mxt_jidou02-000024699-001.pdf)

・明治図書「今、SNS で話題の『Canva』『kahoot!』を樋口学級で使う」
　(https://www.meijitosho.co.jp/eduzine/mhiguchi/?id=20220847)

【著者紹介】

樋口万太郎（ひぐち・まんたろう）

1983年大阪府生まれ。現在、香里ヌヴェール学院小学校に教諭兼研究員として勤務。全国算数授業研究会幹事、学校図書教科書「小学校算数」編集委員。主な著書に、『GIGAスクール構想で変える！1人1台端末時代の授業づくり』（明治図書・2021年）『学習者端末活用事例付 算数教科書のわかる教え方1・2年』（学芸みらい社・2022年）等がある。

【イラスト】

モリジ

イラストレーター・デザイナー、「授業力＆学級づくり研究会」会員。
美術科教員の経験を経て、主に教育関係の書籍の挿絵やグラフィックデザインの制作に勤しむ。イラスト集に『キラキラかわいい！365日のイラストカット・テンプレートBOOK 小学校』（明治図書・2018年）がある。
Mail：henohenomoriji@gmail.com
Twitter：@henohenomoriji

タブレット算数授業って面白い！
子どもと共有するスキル105

GAKUGEI
MIRAISHA

2023年6月1日　初版発行

著　者　樋口万太郎／イラスト・モリジ
発行者　小島直人
発行所　株式会社学芸みらい社
　　　　〒162-0833 東京都新宿区箪笥町31番 箪笥町SKビル3F
　　　　電話番号 03-5227-1266
　　　　https://www.gakugeimirai.jp/
　　　　E-mail：info@gakugeimirai.jp
印刷所・製本所　藤原印刷株式会社
企　画　樋口雅子
校　正　菅洋子
装丁・本文組版　橋本　文

教室熱中！ めっちゃ楽しい
算数難問 1問選択システム

うーん、難しい。 / 出来そう！ / 出来た！

動画のマスコット「ライオンくん」（作：山戸 麦）

● 木村重夫＝責任編集
☆B5版・136頁平均・本体2,300円（税別）

デジタル時代に対応！ よくわかる動画で解説

　各ページに印刷されているQRコードからYouTubeの動画にすぐにアクセスできます。問題を解くポイントを音声で解説しながら、わかりやすい動画で解説します。授業される先生にとって「教え方の参考」になること請け合いです。教室で動画を映せば子どもたち向けのよくわかる解説になります。在宅学習でもきっと役立つことでしょう。

教科書よりちょっぴり難しい「ちょいムズ問題」

　すでに学習した内容から、教科書と同じまたはちょっぴり難しいレベルの問題をズラーッと集めました。教科書の総復習としても使えます。20問の中から5問コース・10問コース・全問コースなどと自分のペースで好きな問題を選んで解きます。1問1問は比較的簡単ですが、それがたくさん並んでいるから集中します。

子ども熱中の難問を満載！

　本シリーズは、子どもが熱中する難問を満載した「誰でもできる難問の授業システム事典」です。みなさんは子どもが熱中する難問の授業をされたことがありますか？　算数教科書だけで子ども熱中の授業を作ることは高度な腕を必要とします。しかし、選び抜かれた難問を与えて、システムとして授業すれば、誰でも子ども熱中を体感できます。

これが「子どもが熱中する」ということなんだ！

　初めて体験する盛り上がりです。時間が来たので終わろうとしても「先生まだやりたい！」という子たち。正答を教えようとしたら「教えないで！　自分で解きたい！」と叫ぶ子たち。今まで経験したことがなかった「手応え」を感じることでしょう。